Sentimiento de culpa

¿Qué es y cómo superarlo?

Marcus W. Oliver

Editorial Anuket

Contenido:

Introducción

Introducción

"Hasta que no puedas decir "no", tu "sí" no tiene sentido..." (Osho)

El sentimiento de culpa es una emoción compleja y autorreflexiva que nos alerta de que en nuestra conducta "algo va mal". La culpa puede ser consciente o inconsciente, y en ambos casos deriva del conflicto entre el superyó (Los valores morales) y los deseos sexuales y agresivos infantiles (lo más primitivo), conflicto que es una representación interiorizada y una perpetuación de los conflictos entre el niño y sus padres.

La culpa puede manifestarse de diversas formas, y los síntomas pueden variar de persona a persona. Para algunos, el sentimiento de culpa es una sensación vaga pero continua: se sienten inadecuados, están en falta, aunque no saben bien por qué; se sienten intimidados, inseguros, asustados y terminan bien solo entre las paredes de la casa o con muy pocas y selectas personas. Para otros, en cambio, la culpa se manifiesta de formas más explícitas, y son los que exageran, se inflaman y por nada se sienten atacados, rugiendo como bestias para luego, un momento después, arrepentirse, sentirse "repugnante", preguntarse qué pensarán los demás, tratar de refugiarse o peor aún provocar tortuosos intentos de "mantener el punto" que ellos mismos saben que está mal.

En la psicología, la culpa se trabaja a través de la terapia cognitivo-conductual (TCC). La TCC se enfoca en identificar los pensamientos negativos y las creencias irracionales que subyacen a la culpa y reemplazarlos con pensamientos más realistas y positivos. La TCC también puede ayudar a las personas a desarrollar habilidades para manejar la ansiedad y el estrés, lo que puede reducir la intensidad de la culpa.

Determinar cómo se forma la culpa, cuáles son las consecuencias negativas y cómo se puede hacer frente a estas situaciones, es el propósito de este libro, que puede ayudar a quienes la padecen de manera exagerada, a mitigarla, logrando una vida plena y sin tantos remordimientos.

Capítulo 1
¿Qué es la culpa?

La culpa es una emoción omnipresente que, si no se resuelve, puede dañar el desarrollo psicológico y espiritual de una persona. La culpa clásica se define como "autorreproche por cosas hechas o no hechas", "sentimientos de merecer castigo". La culpa se genera por el conflicto entre la idea de cómo debe actuar una persona y cómo actúa realmente. La culpa puede ser real o imaginaria. La culpa puede no limitarse a una acción o evento específico, sino que puede ser vaga e indefinida.

La culpa casi siempre tiene un fuerte contexto social. Las costumbres históricas, religiosas e ideológicas cambian constantemente e influyen en la experiencia de culpa transmitida culturalmente. Sin embargo, la culpa no es un sentimiento universal: lo que hace que una persona se sienta culpable puede no hacer que otra se sienta lo mismo en absoluto.

¿Qué es la culpa en psicología?

La psicología ha estudiado mucho la culpa. Sigmund Freud (1856-1939) creía que nos sentimos culpables cuando existe una brecha entre nuestra conciencia moral (Super Yo) y nuestros deseos e impulsos innatos (Inconsciente). Creía que la culpa neurótica es el factor principal en todos los problemas psicológicos. En su opinión, el sentimiento de culpa es siempre negativo y se vive como un conflicto interno, uno de cuyos principales objetivos es el autocastigo. "Motivados" por sentimientos de culpa, actuamos de maneras que nos impiden hacer ciertas cosas que consideramos incorrectas (mentir) y nos obligan a hacer cosas que consideramos correctas."

Carl Gustav Jung (1875-1961) escribió sobre el sentimiento de culpa como un mecanismo fundamental para regular el comportamiento dentro del marco de estándares morales y éticos aceptados. Al mismo tiempo, Jung describió la posibilidad de una "culpa buena" cuando una persona, siendo "mala en este momento", elige liberarse de las "reglas opresivas" y de nuevas decisiones que conducen a su crecimiento personal. Por ejemplo, la decisión de abandonar un matrimonio fracasado, la negativa a seguir las normas de las sociedades totalitarias que lo obligan a mantener el compromiso cueste lo que cueste.

Sin embargo, a medida que avanzaban las investigaciones, los psicólogos empezaron a definir la culpa de otras maneras. Helen Block Lewis (1913-1987) escribió un libro histórico, "Shame and Guilt in Neurosis" (1971), que sostenía que la culpa puede tener consecuencias positivas, en contraste con la vergüenza relacionada con la culpa. Su investigación promovió la idea de que "en lugar de motivar el deseo de esconderse (como en el caso de la vergüenza), la culpa normalmente motiva un comportamiento reparador: confesar, disculparse o de alguna manera reparar el daño causado".

Desde una perspectiva psicosintética, la ira y la culpa surgen de expectativas insatisfechas hacia los demás y hacia uno mismo. Una víctima de un delito violento, por ejemplo, puede esperar que "debería" haber evitado la situación o haberse comportado de manera diferente para evitar el abuso o el ataque. La ira hacia el agresor se convierte en ira hacia uno mismo y conduce a una intensa culpa.

Esta culpa se convierte en un tema complejo cuando una persona se recupera de un evento traumático. Y es posible liberarse de él sólo liberándose de expectativas poco realistas, tanto en relación con uno mismo como con los demás. En muchos casos, tales expectativas están asociadas con partes traumatizadas de la personalidad o subpersonalidades.

Los existencialistas ven la culpa no como un rasgo neurótico que se remonta a la primera infancia (una personalidad que no debería tenerse), sino como un sentimiento personal de "oportunidades perdidas en la vida". Además, existe una perspectiva transpersonal que puede ver la culpa como una respuesta a una señal del "yo sabio" que alerta al individuo para que observe más de cerca sus pensamientos, motivos y acciones.

Dicho esto, si bien la culpa puede tener un efecto motivador positivo, sentir demasiada culpa se asocia con una serie de problemas de salud mental. Este sentimiento puede ser un síntoma de depresión, trastornos de ansiedad y trastorno de estrés postraumático (TEPT). Cuanto mayor es el nivel de culpa, más grave es la condición del paciente. El progreso en el tratamiento suele estar asociado con una disminución de la culpa.

La culpa en sí misma es un factor que contribuye al desarrollo de una amplia gama de problemas mentales, como la depresión (que los psicoanalistas consideran ira congelada), alteraciones del sueño, fatiga, comer en exceso compulsivamente, comportamiento sexual destructivo y adicción a sustancias.

Lo que no es culpa

Ahora que sabemos qué es la culpa, es importante entender qué no lo es. La culpa a menudo se confunde con la emoción relacionada de la vergüenza, pero son emociones completamente diferentes. Ambas emociones están centradas en nosotros mismos, lo que significa que nos hacen pensar cada vez más en nosotros mismos. Sin embargo, la culpa se centra en la acción, mientras que la vergüenza se centra en cuestiones de identidad y autoestima. Cuando sentimos vergüenza, sentimos que nuestras acciones nos convierten en "malas" personas. Cuando nos sentimos culpables, sentimos que lo que hicimos estuvo mal. En otras palabras, la culpa no amenaza nuestra identidad central", pero la vergüenza sí representa una seria amenaza para ella.

Estos dos sentimientos también suelen conducir a acciones muy diferentes: la culpa puede permitir reparar y sofocar las relaciones sociales remediando y compensando el daño causado, mientras que la vergüenza perturba la socialización a medida que la persona se retrae en sí misma. La vergüenza se asocia con la ira autodirigida y la culpa con la empatía.

¿Puede la culpa ser algo bueno?

Debido a que es un sentimiento desagradable, la culpa tiene mala reputación. Pero las investigaciones en psicología muestran que sentirnos culpables puede impulsarnos a tener un comportamiento positivo. La culpa está asociada con la conducta de ayuda; cuando nos sentimos culpables, es más probable que ayudemos a otra persona. Sentirnos culpables también puede hacernos más honestos. Además, los sentimientos de culpa pueden hacernos más propensos a la empatía: la simpatía y la capacidad de comprender los sentimientos y puntos de vista de otras personas. Cuando sentimos empatía, es más probable que ayudemos a alguien y estemos menos enojados con él. Las investigaciones han demostrado que cuando nos sentimos culpables (en lugar de vergüenza), sentimos más empatía por la persona a la que hemos hecho daño.

Sin embargo, la mera presencia de un sentimiento de culpa puede ser una indulgencia y al mismo tiempo un "pago" para no cambiar nada: "Sufro de culpa, ya es suficiente".

Capítulo 2
La culpa en la infancia

¿Por qué surge la culpa?

Se cree que a nivel inconsciente las autoacusaciones ya pueden ocurrir en un bebé, es decir, este mecanismo nos es familiar desde aquellos momentos en los que no podíamos expresar algo con palabras ni entender completamente lo que estaba sucediendo. Con la llegada del pensamiento maduro, la herramienta del "sentimiento de culpa" se vuelve aún más cómoda de utilizar.

Para un niño pequeño, los padres son un bastión de seguridad, fortaleza y estabilidad. Garantizan su supervivencia y desarrollo. Inconscientemente, los bebés y los niños pequeños confían implícitamente en la autoridad de sus padres. Pero si por alguna razón un niño sufre por el comportamiento de sus padres, se enfrenta a un dilema: ¿quién está equivocado? ¿Son sus todopoderosos padres, a quienes todavía adora y venera incondicionalmente, o el problema está en él mismo? Para no alterar la estabilidad de su existencia, el niño inconscientemente se culpa a sí mismo por el hecho de que algo salió mal entre él y sus padres. En algunas situaciones, esta actitud permanece en una persona durante muchos años y puede dictar su línea de comportamiento.

La buena noticia es que la psicoterapia ayuda a superar este problema y a dejar de vivir según el patrón de un evento traumático que se ha asentado en el inconsciente. Contrariamente a los rumores, la psicoterapia no está diseñada para penetrar en todos los rincones del subconsciente y llegar a los recuerdos de la infancia. A menudo basta con prestar atención a las manifestaciones externas del problema para acercarse a comprender las causas de la culpa, resolverlas y cambiar el comportamiento a uno próspero y productivo.

Lidiar con los sentimientos de culpa implica desarrollar hábitos nuevos y saludables en la percepción de la realidad y el comportamiento.

Complejo de culpa

Un complejo de culpa se produce cuando una persona tiene la creencia constante de que ha hecho, está haciendo o hará algo mal. Un complejo de culpa puede surgir de una culpa imaginada o percibida. Esta visión del mundo puede ser el resultado de una educación en la que al niño se le hizo sentir culpable por experiencias normales como tristeza, ira o necesidades normales de desarrollo (por ejemplo, explorar los propios genitales, participar en la autogratificación, mostrar interés en el sexo opuesto), etc.).

La culpa también puede surgir cuando te culpan por cosas que en realidad están fuera de tu control o de las que otros son responsables. Por ejemplo, en el caso de la "culpa de nacimiento", la madre le inculca al niño que él tiene la culpa de haber sufrido durante el parto o de que su marido abandonó a la familia por su nacimiento.

Muy a menudo, los sentimientos de culpa surgen debido a la violación de instrucciones irracionales de los padres: "No sientas", "No te acerques", "No seas inteligente", etc. Usar la culpa es una de las formas más comunes de manipular a otros para lograr que actúen de cierta manera o realicen una determinada acción. Se trata de un tipo especial de táctica de intimidación y manipulación que mantiene a las personas atrapadas en un estado de incertidumbre y ansiedad. El ejemplo más destacado es el uso del "pecado original" o el concepto de pecados para manipular al rebaño de organizaciones religiosas.

Formación de sentimientos de culpa

Un niño aprende de sus padres el sentido de las normas morales y éticas. Los investigadores dicen que esto comienza a suceder a los 3 años de edad. Una teoría que puede ayudar a explicar de dónde viene la culpa son las ocho etapas del desarrollo psicosexual de Erik Erikson (1902-1994). Es en la tercera etapa donde se explica de dónde provienen nuestros sentimientos de culpa. Esta etapa, "iniciativa versus culpa", se refiere a la edad preescolar: 4 a 5 años. En esta etapa tomamos la iniciativa y aprendemos cosas nuevas. Comenzamos a controlarnos más e interactuar con más personas en nuevos entornos sociales. A medida que aprendemos de estas interacciones sociales, nos sentimos alentados a tomar más iniciativas, juzgamos que hemos fracasado o nos lo dicen. Si percibimos el fracaso, nos sentimos mal y podemos desarrollar culpa.

Un modelo psicológico moderno sugiere que la culpa surge de los siguientes elementos:

• Sentirse responsable de lo sucedido
• Sentimientos de violación de sus estándares o valores personales.
• No hay excusas para lo que se hizo (o no se hizo).

El complejo de síntomas de culpa incluye:

• Componente emocional: depresión, sufrimiento.
• Componente cognitivo: análisis de la acción o inacción, conciencia del conflicto entre "debería" y lo que se "hizo", arrepentimiento y remordimiento, baja autoestima.
• Componente motivacional: deseo de corregir o compensar lo hecho.
• Componente psicosomático: dolores de cabeza, alteraciones del sueño, pesadez de estómago.

Las fuentes de sentimientos de culpa sin ningún motivo real son:

Instrucciones de los padres, por ejemplo, "Eres una niña mala, hija...". Los padres utilizan esa culpa como medio de control psicológico de los niños. Tal culpa, dado que no puede ser redimida en la vida ordinaria (debido al introyecto aceptado del padre perseguidor (culpable)), se transmite de generación en generación, sirviendo como base para traumas transgeneracionales.

La orden de los padres "No vivas" puede manifestarse en forma de culpa por el nacimiento, que el niño asume:

• Culpabilidad por el hecho de nacer ("si no fuera por ti, yo...")
• Culpa por un nacimiento prematuro ("por tu culpa no me gradué de la universidad")
• Culpa por haber nacido en el sexo equivocado ("querían un niño, pero tú eres una niña")
• Culpa por un parto equivocado (cesárea, etc.)

La culpa existencial imaginaria es sólo una forma de autocastigo y no anima a la persona a desarrollarse. Esta es la culpa:

• A ti mismo por logros insuficientes ("No he logrado todo lo que debería")
• Frente a otros por un servicio insuficiente ("¿Qué has hecho por la Patria?")
• Ante Dios ("No he servido lo suficiente al Todopoderoso")
• Culpa imaginaria de hiperresponsabilidad, por ejemplo, culpa por el hecho de que otros vivan mal (culpa por niños hambrientos en África, animales en peligro de extinción, etc.), que puede ser una manifestación del síndrome del Rescatador.

La culpa del superviviente imaginario

La culpa del sobreviviente puede ser experimentada por personas que han sido testigos de la muerte de otros y sobrevivieron". Una forma especial de culpa del superviviente es la culpa del síndrome del gemelo desaparecido, en la que el hermano superviviente experimenta sentimientos de culpa inexplicables. La rumia es una de las partes clave de la culpa del superviviente. Rumiar es pensar una y otra vez en un evento que se vuelve persistente y que distrae del momento presente. La rumia también es un factor en otros problemas de salud mental, como el desarrollo de depresión y ansiedad. En muchos sentidos, la culpa del sobreviviente es una carga indebida porque a menudo el resultado de un evento traumático no se puede cambiar.

Culpa asociativa imaginaria

La culpa asociativa es la "responsabilidad por un delito" que se impone a una persona inocente únicamente porque tiene alguna conexión con el culpable real. En otras palabras, podemos considerar culpables a las personas o considerarnos culpables a nosotros mismos simplemente porque tenemos una conexión con alguien que hizo (o dejó de hacer) algo malo. Por ejemplo, los miembros de la población blanca en los Estados Unidos pueden sentir culpa hacia los afroamericanos debido al pasado de propiedad de esclavos.

Una persona que intenta complacer a todos

¿Alguna vez has hecho algo que realmente no querías hacer? ¿Alguna vez has cambiado de opinión sólo porque a alguien no le gustó? Si su respuesta es sí, entonces es del tipo de persona que puede o está acostumbrada a complacer a los demás. En cualquier caso, si está dispuesto a someterse a las opiniones o posturas de otras personas sin ninguna justificación o motivo de peso, entonces lo más probable es que esté intentando complacer a alguien. Una persona que es condesciende con la gente hace cualquier cosa para complacer a los demás, ya sea que se lo piden o que la persona misma "entienda" lo que la gente quiere de él. Una persona así se sitúa en un nivel inferior al de los demás, dando prioridad a otras personas que son importantes (tanto en términos positivos como negativos) para él.

¿Qué hay detrás de un comportamiento agradable?

Para algunos, los que complacen a la gente parecen los más amables y amigables. Muchos incluso intentan imitarlos. Pero en realidad es muy difícil ser una persona agradable, porque en su vida no queda lugar para él, su opinión y su propio "yo".

A veces nos preguntamos cómo alguien puede ser tan desinteresado, dedicando toda su vida e intereses a los demás. Estas personas ciertamente tienen sus propias opiniones, gustos y pensamientos, pero siempre intentan adaptarlos y cambiarlos para complacer a los otros.

La raíz del autosacrificio radica en el hecho de que esas personas carecen de confianza en la vida y anhelan apoyo externo. Su necesidad básica de seguridad y autoestima se basa únicamente en la aprobación de otras personas.

Este comportamiento es típico de personas traumatizadas que se sienten víctimas y deciden renunciar a su yo, a su verdadera naturaleza, a su identidad, para recibir la confirmación de su valor al servir al otro: pareja, marido, estrella, jefe, partido, religión. Este es el modelo típico de supervivencia de un alma traumatizada a través del Rescate: al relacionarse con los demás es más fácil alejarse de uno mismo y de sus propios traumas y problemas no resueltos.

Su propia baja autoestima se corrige temporalmente cuando, al servir, complacer o hacer "lo correcto", se vuelven sumisos a la voluntad y los intereses de los demás, recibiendo a cambio recompensas y refuerzos explícitos u ocultos (y a veces fantasiosos) para su autoestima. A menudo este comportamiento conduce a relaciones codependientes.

Otro motivo de agrado y rescate pueden ser los modelos de obligación inculcados por los padres. Estas situaciones se observan cuando un niño nace con un objetivo específico: "Debes fortalecer nuestro matrimonio", "Debes hacernos felices", "Debes devolvernos la inversión que hemos hecho en ti". "Vivir para uno mismo es un pecado. ¡Hay que vivir para los demás, como enseña nuestra religión!

Al vivir constante en un mundo tan distorsionado, estas personas comienzan a creer que, en primer lugar, deben valorar, respetar y cumplir los deseos de otras personas o grupos de personas (por ejemplo, las costumbres de su comunidad), y no los suyos propios. Los complacientes siempre están muy preocupados y ansiosos de que los demás los rechacen o los excluyan si no se comportan de acuerdo con las expectativas ajenas. Las personas que se complacen de esta manera temen constante no ser amadas si dejan de complacer los intereses de los demás. Gracias a esta situación, las personas complacientes siempre se encuentran en un estado de estrés y ansiedad crónica. Cuando hacen cosas por sí mismos (que a veces tienen que hacer para sustentar sus propias vidas), las personas complacientes experimentan ansiedad y preocupación por estar haciendo algo mal. Para tranquilizarse, se esfuerzan por recuperar la aprobación de sus seres queridos, esperando reforzar su autoestima y reducir la ansiedad asociada con su comportamiento agradable.

Cuando se violan estas expectativas, lo que sucede con bastante frecuencia, porque los demás pueden cansarse rápidamente del estilo de comportamiento agradable y halagador, claramente no sincero, el complaciente se vuelve aún más inquieto y ansioso, dirigiendo caóticamente sus esfuerzos para obtener la aprobación. Un círculo vicioso de este tipo conduce a un aumento de la tensión interna y, en última instancia, a un deterioro de las capacidades de adaptación de la psique y del cuerpo en su conjunto. Esta condición puede manifestarse en aumento de la irritabilidad, depresión, alteraciones del sueño, aumento de la presión arterial, dolor de corazón, dolores de cabeza y trastornos digestivos.

¿Qué significa realmente complacer a la gente?

Ser una persona que quiere complacer a los demás en realidad significa tener poca confianza en uno mismo. Cuando nos esforzamos por amar y apreciar, por complacer y obedecer a todos los que nos rodean, esto significa que, sobre todo, queremos que los demás muestren la atención, el cuidado y el amor de los que estamos privados. El deseo de agradar y hacer el bien a los demás es señal segura de falta de amor propio. Al mismo tiempo, preocupación por complacer constante a los demás con la vana esperanza de recibir amor y reconocimiento a cambio privado a la persona de fuerza, crea una gran tensión y es una gran pérdida de tiempo y energía.

Al querer obtener aprobación, una persona puede correr de un lado a otro, adaptándose a las opiniones y necesidades de diferentes personas. Este proceso puede ser interminable y simplemente agotador; después de todo, es imposible complacer a todos a la vez. Lo que haga puede agradar a una persona, pero enojará o irritará a otra. Estas cosas le dejarán insatisfecho y lo pondrán en un estado de desesperanza e inutilidad porque su única estrategia para afrontar el mundo que le rodea no está funcionando tan bien como le gustaría, lo que reduce enormemente su autoestima.

Las personas con baja autoestima son blanco de manipuladores

Las personas con baja autoestima a menudo se vuelven dependientes de explotadores y manipuladores que se aprovechan de personas tan infelices para sus propios fines, reforzando su baja autoestima. Por ejemplo, al depender de personas con baja autoestima, los regímenes totalitarios y las sectas implementan sus doctrinas ideológicas.

A estas personas, con la ayuda de los medios de comunicación y el arte ideologizado, en sesiones colectivas de sugerencia (reuniones de partidos, formación de equipos, sesiones) se les enseña constantemente que la persona misma y sus intereses personales no son importantes "para la causa común", y sólo se aprueba socialmente la renuncia total a sus intereses y objetivos por el "bien común" o la "gran idea", la subordinación de la voluntad y los intereses al "colectivo", la "mayoría" o el "líder". Las personas que dependen de las opiniones de los demás, prácticamente sin violencia ni incentivos materiales, son capaces de realizar infinitas "aprobaciones", apoyar la "línea general del partido", votar "correctamente" en las elecciones y todos los demás tipos posibles de delegación no correspondida de poderes. su voluntad.

Capítulo 3
La culpa, la ansiedad y la depresión

Los sentimientos de culpa pueden ser la causa de dudas sobre uno mismo, ansiedad, insatisfacción con los demás y con la vida en general.

La culpa es una actitud negativa en la que sentimos que nuestras acciones son la causa de las desgracias ajenas o propias. Este sentimiento tiene una variedad de manifestaciones y no siempre está directamente relacionado con ser responsables de algún error. Este sentimiento puede surgir en cualquier situación en la que haya habido un estrés severo (en el lenguaje de la psicología, trauma).

Habiendo surgido en la psique humana, este sentimiento desagradable cumple una función importante: ayuda a adaptarse a una situación difícil para sobrevivir con menos daño: en lugar de centrarnos en la situación traumática, miramos el sentimiento de culpa, porque "No duele tanto" y requiere menos trabajo interno. Podemos decir que el sentimiento de culpa en sí es casi accidental y en su lugar podría haberse formado cualquier otra actitud negativa. Por ejemplo; supongamos que eras un pequeño de 7 años, que de repente te quedas mirando a una mujer de 32; y el marido de la dama, advirtiendo tal hecho, y por querer hacerse el gracioso, te mira directo a los ojos y con voz amenazante te dice "¡¿Por qué miras a mi mujer, ¿acaso te gusta?!". Recuerda, tienes 7 años, y poco sabes del complejo humor adulto; y tomas esas palabras como una advertencia seria de que has hecho algo malo. Tu cerebro poco maduro para interpretar los hechos y menos aún para encontrarle una solución, te hace sentir culpable de haber hecho algo malo; y la prueba está en que recibiste una reprimenda por alguien que supuestamente es fuente de verdad. El trauma se origina allí mismo, y cuando llegas a ser adulto, cada vez que te interesa una mujer, tratas de evitar mirarla directamente, ya que tu cerebro recuerda cuando fuiste reprimido. No importa que ahora puedas racionalizar los hechos de la infancia, ya que tu cerebro lo que intenta es evitar el malestar que recibiste aquella vez, y vuelve una y otra vez a repetir la solución infantil que esgrimiste: el sentimiento de culpa.

La intrincada danza entre la culpa y la ansiedad: un círculo vicioso que afecta tu bienestar

La culpa y la ansiedad son dos emociones que bailan juntas en un círculo vicioso, alimentándose mutuamente y creando una carga emocional que puede afectar significativamente nuestro bienestar.

Culpa como origen

La culpa surge de la percepción de haber hecho algo malo o de no haber cumplido con las expectativas. Puede ser real o imaginaria, pero su impacto en la persona es real.

Sentirse culpable puede generar:

- Pensamientos negativos: Autocrítica, rumiación del pasado, miedo al castigo.
- Emociones: Tristeza, vergüenza, baja autoestima.
- Comportamientos: Autocastigo, aislamiento social, evitación.
- Ansiedad como consecuencia:

En otra forma no tan obvia, la culpa encuentra su salida a través de una gran ansiedad.

En algún momento de nuestra vida, todos experimentamos ansiedad: debido a enfermedades de seres queridos, en el trabajo, en conflictos con colegas, cuando escuchamos noticias tristes, etc. Pero la ansiedad de una persona sana es proporcional a la situación y desaparece con el tiempo.

La ansiedad alta es una amplia gama de condiciones dolorosas que son difíciles de controlar y, a veces, difíciles de rastrear ("Algo me atormenta, aunque objetivamente todo está bien en la vida").

La ansiedad elevada puede provocar problemas de salud, cuya causa los médicos no pueden encontrar, problemas para dormir, cambios de humor "irrazonables", comer en exceso o, por el contrario, obsesión por hacer dieta, exceso de trabajo o pérdida de fuerza. La ansiedad tiene muchos síntomas, y si alguno de ellos le resulta familiar, entonces esta es una razón para pensar en los motivos.

El subconsciente puede elegir la ansiedad como un canal a través del cual sale la tensión del problema principal: los sentimientos de culpa. Esto sucede cuando es tan insoportable o se le asocia una experiencia tan difícil que la psique se niega incluso a mirar en esa dirección y trata de controlar al menos lo que puede controlar. Así aparece la ansiedad: se selecciona un objeto de ansiedad y todas las fuerzas se dirigen a combatirlo.

La culpa puede desencadenar ansiedad anticipatoria por las posibles consecuencias del error o por el miedo a ser juzgado.

La persona se preocupa en exceso por el futuro y experimenta:

• **Síntomas físicos:** Inquietud, sudoración, palpitaciones, dificultad para respirar.
• **Síntomas cognitivos:** Pensamientos catastróficos, dificultad para concentrarse, irritabilidad.
• **Comportamientos:** Evitación de situaciones que generan ansiedad, búsqueda de control excesivo.

Un círculo vicioso:

La ansiedad a su vez puede aumentar la culpa, ya que la persona puede sentirse responsable por sus síntomas o por no poder controlar su ansiedad.

Esto genera una espiral negativa que puede ser difícil de romper por sí solo.

Cómo romper el ciclo

•   **Identificar la raíz de la culpa:** ¿Es real o imaginaria? ¿Se basa en hechos o en creencias irracionales?
•   **Gestionar la ansiedad:** Practicar técnicas de relajación, mindfulness, terapia cognitivo-conductual.
•   **Aprender a perdonarse:** Aceptar los errores como parte del aprendizaje y enfocarse en el presente.
•   **Desarrollar una autoestima saludable**: Reconocer las fortalezas y aceptar las debilidades.
•   **Buscar ayuda profesional**: Si la culpa y la ansiedad interfieren con la vida diaria, es importante buscar ayuda de un psicólogo o terapeuta.

De hecho, se trata de una construcción compleja y, para erradicar la ansiedad, es necesario abordar la causa fundamental. Es mucho más fácil hacerlo junto con un psicólogo. Por tanto, si está familiarizado con la ansiedad, pero no sabe qué la causa, coméntelo con un especialista. Este mecanismo le resultará familiar y rápidamente encontrará la solución a su dolorosa condición. Además, el terapeuta está libre de sus sentimientos de culpa, no sigue sus reglas y el contacto con alguien que no sigue las reglas de la culpa es en sí mismo muy útil.

Recuerde: La culpa y la ansiedad son emociones normales, pero no tienen que controlarle. Con el conocimiento y las herramientas adecuadas, puede romper el ciclo vicioso y disfrutar de un mejor bienestar emocional.

La Culpa y la Depresión: Un Dúo Tóxico

La culpa y la depresión son dos emociones que bailan juntas en un tango emocional, alimentándose mutuamente en un círculo vicioso que puede ser difícil de romper. La culpa puede ser un síntoma de la depresión, pero también puede ser un factor que la desencadena o la empeora.

Culpabilidad en la Depresión:

• **Pensamientos negativos:** La persona con depresión se culpabiliza por errores reales o imaginarios, exagerando su responsabilidad en eventos negativos.

• **Autocrítica:** Se juzga a sí misma con dureza, rumiando errores del pasado y sintiéndose indigna de perdón.

• **Baja autoestima**: La culpa erosiona la autoestima, haciendo que la persona se vea como un fracaso y sin valor.

Cómo la culpa empeora la depresión:

• **Aislamiento:** La vergüenza y la culpa pueden llevar a la persona a aislarse socialmente, evitando el contacto con amigos y familiares.

• **Desesperanza:** Sentirse culpable por no "mejorarse" puede alimentar la desesperanza y la sensación de que la depresión es permanente.

• **Desmotivación:** La culpa puede minar la energía y la motivación para realizar actividades que antes se disfrutaban.

Rompiendo el Círculo Vicioso:

• **Terapia:** La terapia cognitivo-conductual puede ayudar a identificar patrones de pensamiento distorsionados relacionados con la culpa y desarrollar estrategias para desafiarlos.
• **Autocompasión:** Aprender a tratarse con amabilidad y comprensión, en lugar de autocrítica, es fundamental para la recuperación.
• **Perdón:** Perdonarse a sí mismo por errores del pasado no significa olvidar, sino aceptar lo que no se puede cambiar y avanzar.

Consejos para manejar la Culpa:

• **Distinguir entre culpa real e infundada:** No todas las culpas son válidas. Analice la situación con objetividad para determinar si la culpa está justificada.
• **Aprender a perdonarse:** El perdón no es fácil, pero es crucial para la sanación. Practique la autocompasión y reconozca que todos cometemos errores.
• **Compartir la carga:** Hablar con un amigo, familiar o terapeuta sobre tus sentimientos de culpa puede ayudarle a sentirse menos solo y obtener apoyo.

Recuerde: La culpa no es una señal de debilidad, sino un síntoma común de la depresión. Si la culpa le está atrapando, busque ayuda profesional. Con el tratamiento adecuado, puede romper el círculo vicioso y encontrar el camino hacia la recuperación.

Capítulo 4
La culpa y la vergüenza.
Autoestima y amor propio

Culpa y vergüenza: ¿cuál es la diferencia?

En primer lugar, la culpa es uno de los sentimientos humanos, una parte integral de nuestra vida. No es tan simple y obvio como la alegría, la ira o el dolor. Más bien, se puede atribuir a experiencias más complejas como la decepción o la gratitud.

La culpa es siempre una reacción negativa; es improductiva e incluso destructiva. En esencia, se trata de una agresión dirigida a uno mismo: la autohumillación, la autoflagelación, el deseo de autocastigo.

Casi siempre una persona se siente culpable por no haber podido cambiar o evitado algo. Se debe entender: hay una gran diferencia entre "ser culpable" y "sentirse culpable". Una persona es culpable si ha causado algún daño de manera deliberada. Así mismo, el que causó daño, pero no pudo hacer otra cosa, o el que causó ningún daño, pero igual se siente responsable, puede sentirse culpable.

También existe otra confusión verbal: en el habla coloquial, la gente suele confundir los conceptos de "culpa", "conciencia", "responsabilidad" y "vergüenza" y los utiliza como sinónimos. Dicen: "¿No te da vergüenza, no te sientes responsable, no tienes consciencia, no te sientes realmente culpable?", como si fueran la misma cosa.

¿Cuál es la diferencia fundamental?

La conciencia y la responsabilidad son sentimientos útiles, productivos y adecuados, la culpa no.

Conciencia es un autocontrol interno que evalúa las acciones realizadas. Le anima a seguir normas morales y le ayuda a ser responsable.

La responsabilidad es el acuerdo voluntario de cuidar de uno mismo y de los demás. Sentirse responsable significa intentar cumplir con todas las obligaciones y, en caso de fracaso, estar dispuesto a admitir un error, corregirlo y hacer todo lo posible para evitar hacer algo similar en el futuro.

¿Cómo distinguir la culpa de otras experiencias?

El sentimiento de culpa se vive como un problema. Si te sientes mal, sufres de forma autodestructiva, eso significa que estás experimentando exactamente eso. Notarás que te concentras demasiado en tus pensamientos, errores y te atormentas. Te sentirás indigno y no tienes derecho a nada.

Los dolores de conciencia y la responsabilidad por los errores, a su vez, nunca se experimentan como un sufrimiento destructivo e infructuoso. Por el contrario, ennoblecen a la persona, la empujan a un nuevo nivel de desarrollo y la ayudan a vivir según principios.

¿Qué pasa con la vergüenza? ¿Es este también un sentimiento positivo?

No, la vergüenza, como la culpa, es negativa y destructiva.

Esta es una experiencia muy difícil y dolorosa: una persona la experimenta cuando está indefensa. Como regla general, la vergüenza se asocia con una situación desesperada en la que no se puede influir, por ejemplo, con un trauma psicológico debido a la violencia vivida.

La vergüenza es una experiencia muy temprana. Este es uno de los afectos básicos: los niños muy pequeños lo experimentan por primera vez cuando alguien viola sus límites y su libre albedrío. Por ejemplo, los niños mayores les quitan un juguete. El bebé no puede resistirlos y se siente impotente.

Curiosamente, a menudo, para no sentir vergüenza, una persona está más dispuesta a experimentar sentimientos de culpa.

La cuestión es que la vergüenza es impotente ("No podía hacer nada, estaba indefenso") y la culpa parece potente ("Podía, pero no lo hice"). Una persona admite la idea de que podría haber actuado de otra manera y se siente atormentada. Aunque en la mayoría de los casos es sólo una ilusión.

Razones para sentirse culpable

La culpa tiene tres fuentes principales. Cada uno es independiente en sí mismo y existe por separado, pero a menudo se encuentra una combinación de todos ellos.

Primero surge de la infancia. Como lo hemos citado con anterioridad, un niño experimenta por primera vez sentimientos de culpa entre los tres y cinco años de edad. El objetivo inicial es la protección psicológica frente al aterrador sentimiento de impotencia. El hecho es que es durante este período cuando el complejo de omnipotencia del niño colapsa: comienza a darse cuenta de que no es inmortal, ni omnipotente y, de hecho, es débil en muchos sentidos.

El niño se aferra internamente al sentimiento de culpa como una forma de preservar la imagen de su omnipotencia. Parece decirse a sí mismo: "Resulta que no puedo hacerlo todo. ¡Es insoportable! Aunque no, lo más probable es que me haya equivocado y sigo siendo omnipotente, pero esta vez no funcionó. Podría, pero no lo intenté. Culpable. La próxima vez quizás pueda."

Erik Erikson define el período de tres a cinco años como la tercera fase del desarrollo humano denominada "Iniciativa Creativa o Culpa". En condiciones familiares favorables, el niño acepta gradualmente su "no omnipotencia" y supera los sentimientos de culpa: el dilema se resuelve a favor del desarrollo exitoso de la iniciativa creativa. Si las cosas son desfavorables, la iniciativa creativa, por el contrario, es limitada. El niño crece, pero el peso de la culpa sigue interfiriendo en su vida.

La segunda fuente está relacionada con el estrés postraumático. Cuando atravesamos una situación difícil (la muerte de un ser querido, el divorcio de nuestros padres), sentimos culpa; esta es una de las fases obligatorias del procesamiento de una experiencia traumática. Aunque en realidad el evento y su desenlace no dependieron de nosotros. Si no se atraviesa esta fase de experimentar el dolor de la pérdida hasta el final, el sentimiento de culpa persistirá por el resto de la vida.

La tercera fuente de culpa es transgeneracional. En palabras simples, es cuando los padres y abuelos, a través de la experiencia, las palabras y el comportamiento, nos "heredan" con su propio sentimiento de culpa.

¿Cómo se desarrolla la culpa en la infancia?

¿Qué deben hacer los padres para que nuestro hijo pueda decir adiós con éxito a los sentimientos de culpa?

Dejar de culpar a los niños. Son los constantes reproches, menosprecios y regaños de la familia los que no permiten que los niños superen el sentimiento de culpa a los cinco o seis años. Los padres suelen utilizar la culpa como herramienta de crianza. Creen que de esta manera cultivan en el niño la conciencia y la responsabilidad, sustitución de conceptos de los que ya hemos hablado.

Los padres imputan culpa al niño y lo utilizan como un látigo, incitándolo a actuar. A menudo, esto sucede no por malas intenciones, sino simplemente porque los propios adultos no saben cómo hacer lo contrario: alguna vez fueron criados exactamente de la misma manera.

El niño no es capaz de pensar críticamente y toma todas las acciones de los padres al pie de la letra. No se da cuenta de dónde está la verdad y dónde no, y cree todo lo que escucha: que es culpable, que merece reproches, que es responsable de sus actos.

Pero la verdad es que un niño pequeño aún no es capaz de asumir la responsabilidad de sus actos, por lo que regañarlo y culparlo no tiene sentido. Es a priori inocente: aunque haya roto un jarrón de cristal, aunque haya salido a pasear solo o haya ensuciado algo nuevo. Sólo los padres son responsables: pasaron por alto, no explicaron, no apartaron el jarrón del borde.

Los niños pequeños son impulsivos: todavía no ven las relaciones de causa y efecto y no miden sus esfuerzos. Los adultos les atribuyen habilidades psicológicas que aún no se han formado.

¿Con qué sustituir las cargas? ¿Cómo hablar con un niño?

Es necesario explicar con paciencia, calma y coherencia que cualquier acción tiene un resultado y corregir los errores. Un diálogo tan sincero, aunque difícil, despertará en el niño empatía y conciencia, no culpa.

¿Cómo deshacerse de la culpa?

La culpa reduce enormemente la calidad de vida. Al ser cruel e injusta, priva a uno de la confianza en sí mismo y reduce la autoestima. Una persona no puede defender sus intereses, protege mal los límites personales y se castiga a sí misma por cualquier delito. Quienes lo rodean fácilmente le quitan cuerdas y lo manipulan de todas las formas posibles.

La culpa consume mucha energía y agota. Trae un sentimiento constante de pesadez y dolor, decepción y abatimiento. Mucha gente deja de disfrutar de la vida y no se permite ningún placer.

¿Cómo se siente la culpa a nivel corporal?

En primer lugar, los cambios de postura: la persona parece sentir una carga pesada sobre sus hombros y se inclina bajo su peso. Luego, la marcha se vuelve forzada, la cabeza se inclina cada vez más y las comisuras de los labios se caen.

"Culpable" es fácil de juzgar por la apariencia. Entre las personas con sentimientos de culpa crónicos, los problemas con la séptima vértebra cervical son muy comunes.

¿Por qué la propia voluntad de superar la culpa no es suficiente?

Digamos que llamas a tu mamá y ella te dice que ha estado esperando tu llamada todo el día y que ahora le duele el corazón. Te sientes culpable. Estimulado por este sentimiento, la llamarás todos los días, y si no llamas, lo más probable es que escuches: "¿No te importa tu madre?... ¿No te importa que me sienta tan mal? "

El sentimiento de culpa en este caso se convertirá en tu botón rojo, un hilo del que tirará tu madre. Tú mismo no podrás detener este doloroso ciclo debido a una conexión emocional. Es posible que ella esté absolutamente sana todo este tiempo.

Cuando se trabaja con sentimientos de culpa, la parte más importante del trabajo de los terapeutas se centra en la esfera cognitiva. Necesitamos deshacernos de las falsas creencias formadas en la infancia. Descubrir exactamente cómo presionaron tus sentimientos de culpa, encontrar este "registro" y eliminarlo es el objetivo.

En el psicodrama se representa una escena de la infancia en la que una persona se siente culpable y se la mira desde fuera. Una mirada adulta ayuda a comprender la situación y desmontar falsas creencias.

Por ejemplo, rompiste un jarrón y te acusaron de descuidado. Debemos sustituir la percepción falsa ("es tu culpa") por una adecuada ("el padre debería haber quitado el jarrón del campo de visión del niño"). Se representa una escena de la infancia, después de lo cual se le pide al paciente que se mire en el espejo como adultos y pregunten: "¿Crees que el niño era culpable de lo que se le acusó?".

Culpa colectiva: ¿puede suceder esto?

Para una persona moralmente madura y psicológicamente sana, los sentimientos de culpa no existen. Sólo hay conciencia y sentido de responsabilidad por cada paso dado, por tomar decisiones, por elegir y por rechazarlas.

Un error cometido no horroriza a una persona madura, no la agota internamente: simplemente lo corrige y sigue adelante. Si la corrección es imposible, aprende la lección y no comete errores similares en el futuro. Ésta es una posición de adulto.

Y echarse cenizas en la cabeza, considerarse malo y regañarse por lo que se ha hecho y no hecho es la conducta de un niño indefenso.

¿Y en los casos de sentimientos colectivos de culpa que aparece en las personas en el contexto de los acontecimientos globales?

Simplemente hay que separarse de ese sentimiento y no participar en él. Es importante entender: la culpa colectiva es a priori falsa. No hay una responsabilidad general, es siempre personal: somos responsables sólo de nosotros mismos y nunca de un grupo más grande.

Si lo acusan de algo colectivamente, como comunidad o nación, hágase la pregunta: "¿Qué podría hacer yo personalmente para corregir la situación? ¿Y realmente podría? Lo más probable es que resulte que el resultado no dependía de usted en ninguno de los escenarios.

Puedes afligirte, sentirte impotente, preocuparte, simpatizar, pero todos estos sentimientos no tienen que ver con la culpa. Aprende a separar las acusaciones de tu real responsabilidad.

Autoestima: qué es y cómo aumentarla

En psicología, el amor propio es, ante todo, el cuidado de uno mismo. Y el cuidado es la capacidad de observar los propios sentimientos, deseos y necesidades.

Veamos un ejemplo: Supongamos que tienes una situación controvertida en el trabajo, que puede ser culpa tuya. ¿Cómo te sentirás y cómo actuarás?

Inmediatamente comenzarás a arrepentirte, a disculparte, a asumir toda la responsabilidad y, finalmente, te irás a casa con la sensación de que eres un mal empleado. Y para arreglarlo todo, te negarás a descansar.

Tómese un descanso y descubra el problema. Si resulta que realmente tiene una responsabilidad, admítalo y ofrezca salidas a esta situación. Al mismo tiempo, pida ayuda a sus compañeros si la necesita, y no se prive del descanso y los fines de semana.

La primera opción es un método de autoflagelación inútil, que puede dañar el bienestar y es poco probable que ayude a afrontar las dificultades de forma eficaz. La segunda opción es cuidarse. Te tratas con cariño, notas no solo tus defectos, sino también tus fortalezas, te aceptas y gestionas hábilmente tus emociones.

¿En qué se basa el amor propio?

La personalidad consta de tres partes que interactúan.

• La parte vulnerable, llamémosla "el niño". Ella es responsable de las emociones y experiencias.
• Crítico interior, que constantemente intenta regular nuestras emociones y acciones atacándonos, culpándonos y devaluándonos.
• Y la tercera parte es un adulto sano, o un padre amoroso, que apoya nuestra parte infantil de nuestra personalidad y la protege de las críticas destructivas.

Y para amarse a uno mismo se necesita:

Satisfacer todas las necesidades básicas del niño interior. Tratarse con compasión. Comprender lo que le falta al niño interior. La lista de necesidades emocionales básicas se ve así:

• **Seguridad, apego seguro y aceptación de los demás**. La confianza en al menos una persona fortalece su apoyo interior.

• **Autonomía, independencia**. Suelen faltar en aquellos a quienes, de pequeños, no se les permitía probar cosas nuevas o hacer lo que les gustaba. A veces, esta necesidad insatisfecha se convierte en un deseo constante de demostrar a todos sus habilidades y destrezas. Y, a veces, hasta una total negación de la autonomía, incluso en la edad adulta.

• **Espontaneidad y juego**. La falta de preparación para cambios repentinos de planes, la devaluación de los deseos repentinos quita flexibilidad y apertura a nuevas experiencias.

• **Libertad para expresar necesidades y emociones**. Es importante estar en un lugar donde todos los sentimientos sean aceptables. Reprimirlos también nos reprime a nosotros.

Si has hecho suficientes esfuerzos para atender tus necesidades emocionales básicas, entonces has cuidado tu autoestima. Y ya no estás en peligro. Éste es el estado de un niño feliz. Además, incluye el estado de un adulto sano, que refleja metafóricamente nuestra capacidad para mostrar cuidado, compasión, establecer límites y conocer los deseos y capacidades de nuestro niño interior.

Cómo aumentar la autoestima

El nivel de autoestima depende directamente del amor/desprecio por uno mismo. Por lo tanto, al dominar la habilidad del cuidado personal, automáticamente se trabaja la autoestima.

Paso 1
Acepta lo que no se puede cambiar
La aceptación no se trata de desesperación o de una actitud pasiva ante la vida. Esta es una negativa a luchar contra la realidad. Cuanto más inútil es la lucha con lo que no se puede cambiar, más fuerte es el sentimiento de impotencia; esto es precisamente lo que provoca el sentimiento de aversión hacia uno mismo. Por ejemplo, es imposible cambiar el pasado. Debes aceptarlo y, a partir de ese momento, comenzar a actuar de manera diferente.

Desarrollar la capacidad de aceptar no es fácil, pero es un paso importante hacia las habilidades de autocuidado. Cuando no aceptamos lo que no se puede cambiar, experimentamos impotencia y desesperación, y nuestra autoestima se desploma. Por lo tanto, aprender a aceptar la realidad significa aprender a seguir adelante, llenando la vida de compasión y autocuidado. Todas estas son funciones de un adulto sano.

Paso 2
Prepararse para lo que la vida tiene para ofrecer.
Esta habilidad está estrechamente relacionada con la aceptación. Al aceptar incluso la realidad más desagradable, uno se acepta en ella y se prepara para los desafíos.

La buena voluntad presupone la plena participación en la propia vida y la responsabilidad por ella. Cuanto más claramente uno se dé cuenta de que es el dueño de su vida, más fuerte será el apoyo interior y mayor será la autoestima. Esto determina el éxito con el que afrontará las crisis.

Paso 3
Estar abierto

Las nuevas malas experiencias y los comentarios negativos no deberían socavar el amor propio. La apertura es flexibilidad psicológica, la capacidad de afrontar el miedo a mitad de camino. No se concentre en los errores, sino en comprender qué habilidad se necesita para mejorar la situación en la que se encuentra.

La apertura está asociada al bienestar psicológico, a nuestra capacidad de aprender cosas nuevas. En otras palabras, cuanto menor es el nivel de apertura, menos conexiones sociales, menor es la gama de intereses, menor el horizonte de desarrollo y más tareas que no podemos afrontar.

Cómo aprender a cuidarse - 3 ejercicios

El autocuidado se puede aprender. Veamos tres prácticas que le ayudarán a cuidarse mejor.

- **Practica el "swing"**

Gracias a este ejercicio entenderá qué necesita su niño interior para ser feliz.

Cierre los ojos e imagine un árbol con un columpio en el que está sentado un niño pequeño y triste. Es usted.

Imagine que se acercas al niño y reflexiona por qué está triste, qué le molesta.

A continuación, piense en cómo quiere ayudar: abrazar, hablar, animar.

Este ejercicio le ayudará a sentir dos estados a la vez: un niño y un adulto. Por un lado, es posible que sienta necesidades básicas no cubiertas. Por otro lado, desde la perspectiva de un adulto sano, pudo discernir estas necesidades, lo que significa que ya se cuidó y se apoyó.

• **Practique el retorno a la sabiduría interior**
Todo el mundo tiene sabiduría interior. Y sentirla es el primer paso para cuidar de sí mismo. Siéntese, relájese y piense en algún momento de la semana pasada en el que dudó y no pudo tomar una decisión.

Pregúntese: "¿Cuán sabiamente he actuado?" No se necesitan criterios de corrección. Consulte con sus sentimientos: los impulsos internos le dirán la respuesta correcta. Si se da cuenta de que su acción no fue del todo correcta y duda en admitirlo, intente adivinar: "¿Qué decisión sería más sabia?"

• **La práctica de la aceptación radical**
Cree el ambiente más cómodo para usted. Piense en qué hechos de la vida le resultan difíciles de aceptar en este momento. Escríbalos. Elija uno de ellos e intente responder honestamente a las siguientes preguntas:

• ¿Qué te pasa cuando pienso en esto?

- ¿Cómo ocurrió este hecho en mi vida, en qué contexto se desarrolló esta situación?
- ¿Qué cambiará en mi vida si puedo aceptar estas circunstancias? ¿Qué haré primero?

Todo tiene sus razones y no siempre dependen de nosotros. Es importante aceptar la realidad tanto con el cuerpo como con la mente. Intente relajarse. Dígase a sí mismo en un tono compasivo: "Sí, esto es así, no puedo cambiar este hecho de la realidad". Observe sus sentimientos, déjelos en paz. Recuerde en este momento que, aunque hay hechos que no puede cambiar, sigue siendo usted mismo. Incluso si se niega a luchar contra ellos, puede continuar siguiendo sus valores y crear una vida que valga la pena disfrutar.

Piense en lo que podría hacer para expresar su aceptación. Empiece a hacer estas cosas gradualmente. El resultado de la aceptación es siempre la acción. Nuestra actitud hacia nosotros mismos cambia sólo cuando empezamos a hacer algo basado en la aceptación.

Capítulo 5
Otras manifestaciones de la culpa

Complejo de culpa del sobreviviente: ¿qué es?

Muchas personas se enfrentan a un sentimiento de impotencia y culpa por no poder aportar beneficios y ayuda significativos a la sociedad.

Esas emociones son destructivas. Paralizan la actividad, provocan riñas y conflictos en la familia, las personas se devalúan a sí mismas y a sus acciones. Esto se debe al hecho de que el sistema nervioso se esfuerza por descargarse y, por tanto, intenta liberarse.

La culpa del superviviente: signos

El síndrome del sobreviviente es una reacción específica a eventos traumáticos, una forma de trastorno de estrés postraumático.

Ocurre, por ejemplo, cuando las personas deciden huir de la guerra por su propia seguridad, abandonar el país. O cuando logran sobrevivir y salir de lugares peligrosos, mientras otros son atacados y mueren. Las personas también pueden sentirse culpables porque supuestamente no hicieron lo suficiente por los demás o no pudieron cambiar el resultado.

Los sentimientos de culpa pueden ejercer presión sobre las personas tanto física como psicológicamente, algunos de sus síntomas son:

Psicológico:
• recuerdos de una situación peligrosa, pensamientos obsesivos;
• nerviosismo, ira incondicional, cambios de humor;
• apatía, impotencia, disminución de la motivación;
• pensamientos suicidas.

Síntomas físicos:
• dolor de cabeza;
• falta de apetito, náuseas, dolor de estómago o abdomen;
• insomnio;
• cardiopatía.

Este síndrome puede manifestarse por diversas circunstancias: mudarse a otro país, permanecer en un lugar más seguro, imposibilidad de ayudar. La culpa del superviviente afecta gravemente la vida de una persona, su capacidad para tomar decisiones y evaluar la situación de forma cuidadosa y objetiva.

¿Qué hacer?

1. Comprenda que el miedo por su propia vida y la de sus seres queridos, el pánico y el deseo de abandonar el país son las primeras reacciones naturales. Y eso está bien. Son automáticos y aseguran la supervivencia biológica a nivel instintivo.

2. Al estar seguro, ya estás haciendo el bien. Usted es un apoyo para quienes dependen de usted: niños, personas mayores, mascotas. Cuando esté más o menos tranquilo, ayuda a cubrir sus necesidades básicas: sueño, comida, agua, salud. También puede ayudar de otras maneras: como voluntario, cocinando para refugiados, trabajando para reconstruir la economía. Así que poco a poco pasamos al siguiente paso.

3. Al calmarse, podrá ampliar su influencia. Lleve ayuda física y brinde apoyo psicológico a quienes le rodean (familiares, vecinos, amigos, seguidores en redes sociales).

4. Si puede, forme equipo con personas de ideas afines. Únase a una actividad específica. Como ya se mencionó anteriormente, esta puede ser una actividad voluntaria, humanitaria, física, informativa y de cualquier otra índole.

5. Siga siendo un apoyo para usted y su entorno. Poco a poco descubrirá cómo puede ser útil, verá a quienes le necesitan.

Por supuesto, entendemos lo difícil que puede ser controlarse, especialmente en circunstancias tan terribles. Es importante que todos comprendan que pueden ayudar en cualquier lugar, incluso si tuvieran que huir de la guerra a otro país.

El síndrome del gemelo desaparecido: Un viaje emocional inesperado

El síndrome del gemelo desaparecido, también conocido como síndrome
del gemelo evanescente, es una experiencia que afecta a un número considerable de embarazos gemelares. Se caracteriza por la pérdida de uno de los fetos durante las primeras etapas del embarazo, generalmente antes de las 12 semanas. Aunque este evento puede ser difícil de sobrellevar emocionalmente, es importante comprender que no es culpa de la madre y que no afecta las posibilidades de un embarazo saludable a futuro.

¿Qué ocurre en el síndrome del gemelo desaparecido?

En un embarazo gemelar, dos embriones se implantan en el útero y comienzan a desarrollarse. Sin embargo, en algunos casos, uno de los embriones deja de crecer y es reabsorbido por el cuerpo de la madre, la placenta o el otro gemelo. Este proceso suele ocurrir sin que la madre experimente ningún síntoma, y a menudo se descubre durante una ecografía de rutina.

¿Cuáles son las causas del síndrome del gemelo desaparecido?

Las causas exactas del síndrome del gemelo desaparecido no se conocen completamente. Sin embargo, se cree que una serie de factores pueden contribuir a la pérdida del feto, incluyendo:

• Anomalías cromosómicas: El feto puede tener anomalías cromosómicas incompatibles con la vida, lo que puede conducir a su muerte temprana.
• Problemas placentarios: Una placenta mal formada o un flujo sanguíneo inadecuado pueden privar al feto de los nutrientes y el oxígeno que necesita para desarrollarse.
• Infecciones: Algunas infecciones, como la rubéola o el citomegalovirus, pueden provocar la muerte fetal.
• Factores ambientales: El consumo de alcohol, tabaco o drogas durante el embarazo puede aumentar el riesgo de aborto espontáneo.
¿Cómo se diagnostica el síndrome del gemelo desaparecido?

El síndrome del gemelo desaparecido generalmente se diagnostica durante una ecografía de rutina. En la ecografía, se observa un solo saco gestacional con un único feto viable. En algunos casos, pueden verse restos del feto desaparecido, como una pequeña masa amorfa.

¿Cuáles son las consecuencias del síndrome del gemelo desaparecido?

El síndrome del gemelo desaparecido puede tener un impacto emocional significativo en la madre. Sentimientos de tristeza, culpa, ansiedad e incertidumbre son comunes. Es importante que la madre reciba apoyo emocional de su pareja, familia, amigos o un profesional de la salud mental.

¿Cómo se puede prevenir el síndrome del gemelo desaparecido?

No existe una forma segura de prevenir el síndrome del gemelo desaparecido. Sin embargo, las mujeres que están planeando un embarazo pueden tomar algunas medidas para reducir el riesgo de aborto espontáneo, como:

- Llevar una dieta saludable y equilibrada.
- Hacer ejercicio regularmente.
- Evitar el consumo de alcohol, tabaco y drogas.
- Realizarse un control prenatal regular.
- El futuro después del síndrome del gemelo desaparecido

A pesar de la experiencia dolorosa, la mayoría de las mujeres que experimentan el síndrome del gemelo desaparecido pueden tener un embarazo saludable a futuro. Es importante que la madre se tome el tiempo necesario para sanar emocionalmente antes de intentar concebir nuevamente.

Sentir culpa por el propio éxito

La alegría por los logros de varias personas se ve eclipsada por los pensamientos sobre el sufrimiento de sus seres queridos. Empiezan a dudar de que tienen derecho a sentirse bien cuando otros a su alrededor se sienten mal. Estas experiencias se manifiestan de manera similar a la culpa del sobreviviente.

Para superar la culpa de tener éxito, una persona puede restar importancia a los excelentes resultados, trabajar hasta el agotamiento o desperdiciar grandes cantidades de dinero sin obtener ningún beneficio. Las personas con las siguientes características suelen ser más propensas a sentirse culpables por el éxito:

Baja autoestima: personas que admiten que no sienten su propio valor;

La actitud de "tomar todo y dividirlo": una persona se esfuerza por garantizar que todo sea equitativo, (sin fundamentos), sólo entonces le parece que la vida es justa;

Pensamiento en blanco y negro: una persona cree que tiene suerte a expensas de los demás

Miedo a la separación: una persona quiere estar al mismo nivel que sus seres queridos, para que lo acepten como uno de los suyos.

Miedo a la crítica y la condena.

La forma más segura de evitar las críticas y la condena es no hacer nada, esconderse, ser invisible.

El miedo a las críticas le impide desarrollarse en su profesión, expresarse como persona o expresar su opinión en compañía de amigos o en con su familia. A veces esto se convierte en el motivo de la procrastinación, cuando hay un deseo de hacer algo, pero algo (por ejemplo, el miedo inconsciente) siempre lo detiene, la atención se desplaza hacia otras cosas más familiares y fáciles.

Al expresarnos en la sociedad, ya sea hablando en público, interactuando con colegas, amigos, en la realidad o en Internet, podemos encontrarnos no solo con una expresión cuidadosa y discreta de las críticas que se nos dirigen, sino también con verdadera mala educación u odio, que debemos analizar y darle la correspondiente importancia.

¿Qué tiene de aterrador la crítica?

- Me avergüenzo de no estar a la altura de mis ideales,
- Avergonzado delante de los padres, profesores y otras personas con autoridad y cuya opinión es importante;
- Miedo al rechazo, a no ser aceptado por otras personas o comunidades;
- Tengo miedo de no poder hacer frente a las emociones que surgen;
- Miedo a lo desconocido - no sé qué dirán los demás;
- Pérdida de control - las opiniones de otras personas están fuera de mi control.

Seguramente tendrá algunos otros componentes de en su propio miedo a la crítica y la condena.

¿Cómo ayudarse a sí mismo?

Aceptar la imperfección. El mundo no es ideal y nosotros tampoco lo somos. Tienes derecho a cometer errores. Muchas veces la crítica ayuda a descubrir errores que no notamos; esta es una oportunidad para hacer algo mejor.

Aceptar que no tenemos por qué estar a la altura de las expectativas de los demás. Si un ser querido o una pareja realmente tiene buenas intenciones, lo aceptarán con sus errores y defectos.

Busque apoyo y ayuda de personas con ideas afines. El mundo está lleno de personas que critican por deporte.

No tenga miedo de responder a las críticas: esta es una oportunidad adicional para demostrar su valía y su profesionalismo. Al recibir críticas pregúntese: ¿qué de esto me puedo llevar y qué puedo dejar atrás?

Elija un momento adecuado para leer reseñas cuando esté en un estado de calma. Leer comentarios críticos en un estado de excitación, por ejemplo, inmediatamente después de un discurso, tiene más probabilidades de sentirse "abrumado" por las emociones.

Si recibe críticas o comentarios negativos, es una buena señal: ¡le han notado!

Capítulo 6
Cómo superar
el sentimiento de culpa

Los terapeutas, cuando trabajan con la culpa, tienen que lidiar con los traumas de cada paciente para que se puedan liberar las expectativas (tanto las buenas como las malas), para que se produzca el perdón. Dado que las emociones son una forma de energía psíquica, obedecen a las leyes de transformación de la energía y, por tanto, no pueden destruirse. Sólo pueden transformarse, y la ira y la culpa deben transformarse en amor para que se produzca una curación completa. El trabajo del terapeuta es ayudar a transformar esta energía.

Cómo reconocer los sentimientos de culpa

El sentimiento de culpa tiene muchas caras y, además del sentimiento directo de "tu propia culpa", adopta diferentes formas.

* **Disculpas**
Primero, observe si tiene la costumbre de disculparse demasiado. "Disculpe, ¿puedo pasar?", "Por favor, perdóneme si le estoy quitando el tiempo". En tales situaciones, al utilizar una disculpa, intentamos suavizar nuestra intervención, aunque esto se puede hacer con otras formas de cortesía.

Si está familiarizado con este comportamiento, intente pensar en por qué se disculpa realmente.

El mecanismo de disculpas inapropiadas y desproporcionadas con la situación también puede ser utilizado por personas propensas a culparse a sí mismas.

- **La actitud de "no merezco la felicidad"**

Un sentimiento crónico de su "maldad", la inconsistencia de los ideales (inventados por usted mismo o inculcados por otras personas) puede indicar que está controlado por un sentimiento de culpa. Le hace pensar que no es digno de elogios, ni de una vida feliz, ni de cualquier cosa que realmente desee.

Un ejemplo es la continuación de una relación o matrimonio infeliz "por el bien de los hijos" ("para no molestar a la madre", "para preservar la unión"), "una imagen positiva a los ojos de los demás". Para estas personas, la idea de poder defender sus intereses y ser felices es casi pecaminosa, porque su propio bienestar ocupa el último lugar entre todos los demás motivos "más importantes".

Existir al lado de una persona no amada por algún objetivo superior es un claro reflejo de la actitud interna "No soy digno de la felicidad", que se relaciona directamente con los sentimientos de culpa.

- **Agresión**

El otro polo de la culpa es la agresión dirigida tanto a los demás como a uno mismo.

La agresión por culpa es una queja no expresada contra un agresor que alguna vez dañó su autoestima y su autopercepción positiva. Aquí estamos hablando de percepción inconsciente, y si ciertamente no puede decir cuál es el problema, entonces el conflicto permanece en su psique y todos sus participantes con sus roles se perpetúan en un nivel inconsciente.

Si después del conflicto no hubo "venganza" (por ejemplo, un enfrentamiento constructivo), es probable que el deseo subconsciente de castigar al enemigo le siga hasta encontrar una salida.

Ejemplos claros de agresión abierta incluyen el hábito de criticar a los demás y el deseo de tener razón, de poseer la última palabra en cualquier situación. Este comportamiento es típico de aquellas personas que internamente desprecian el derecho a cometer errores, que consideran una debilidad incluso su imperfección más insignificante. Al criticar a los demás, las personas a menudo evitan el riesgo de que alguien, en su opinión, pueda ver sus imperfecciones. Parecen atacar primero. O se exigen demasiado a sí mismos, los siguen estrictamente y no pueden perdonar a los demás por un comportamiento diferente.

Entonces, si tiene el hábito de criticar a los demás (ya sea en silencio o en voz alta), recuerde el sentimiento que tiene cuando lo hace. Trate de comprender por qué este sentimiento le resulta útil, qué aporta, por qué necesita experimentarlo una y otra vez.

Muy a menudo, los sentimientos de culpa van acompañados de una agresión no expresada. Si en el caso del hábito de criticar vemos su manifestación evidente, entonces la agresión reprimida no es tan sencilla. Puede tomar la forma de una leve hostilidad (por ejemplo, algunas personas se enfurecen ante una situación estresante), conflicto en el trabajo, estilo de conducción agresivo, es decir, aquellas manifestaciones de las que una persona suele ser consciente y ha aprendido a controlar. Pero a veces las emociones reprimidas pueden manifestarse de forma paradójica.

Por ejemplo, amabilidad excesiva o miedo a expresar su insatisfacción, miedo a defender sus necesidades, salirse con la suya o tener una discusión constructiva. El miedo a expresar agresión (y, posiblemente, recibirla dirigida a usted) y la incapacidad de expresarla llevan a que una persona busque formas de fusionarse con otros, de sentirse cómoda para los demás. El miedo a ser rechazado conduce al miedo a defender los propios intereses.

Culpa real e imaginaria

La culpa real es un sentimiento de remordimientos que es la consecuencia psicológica de una acción o inacción que tiene consecuencias negativas para otras personas, o para sí mismo.

La culpa real puede ser deontológica (referida al deber hacer), resultante de una violación de los propios valores o de la moral. Otro tipo de culpa es la altruista, que surge por causarle daño a otras personas.

Si la culpa es realmente real, para aliviar la condición y expiar la culpa, se deben tomar las siguientes medidas, con la ayuda de un psicólogo, un consejero espiritual o por su cuenta:

• Reconocer el hecho de causar daño a otras personas, animales, sociedad, etc.
• Encontrar y reconocer los motivos de las acciones o inacciones.
• Llegar al arrepentimiento sincero (generalmente con la ayuda de un asesor),
• Expresar la intención de cancelar o recompensar por el daño causado,
• Expiar el daño causado por acciones reales o compensarlo indirectamente.
• Negarse al autocastigo por los "pecados" y no permitirse que nadie le castigue (excepto por decisión judicial). Para detener el autocastigo, es posible que necesite la ayuda de un psicólogo.
• Recuperar el respeto por sí mismo, perdido como resultado de todo lo anterior.

Culpa real negada o reprimida

En este caso, como resultado de la acción de mecanismos de defensa psicológicos primitivos, la culpa real no es reconocida, y por lo tanto es reprimida. En este caso, no se acepta la responsabilidad por las propias acciones y muchas veces la propia culpa se proyecta sobre los demás. Este mecanismo se implementa debido a la parte de la personalidad traumatizada y sobreviviente del autosabotaje. La tarea principal de la parte de sabotaje es proteger la parte lesionada de la personalidad – la víctima – del contacto repetido con el trauma. Por lo tanto, el Saboteador hace todo lo posible para evitar que la parte lesionada entre en contacto con la culpa. Es típico de esas personas:

• Rechazo y negación de la existencia de la culpa
• La falta de conciencia como regulador moral del comportamiento.
• Negación de las normas morales, éticas y legales existentes ("mi vida son mis reglas")
• Manifestaciones de agresión hacia cualquier obstáculo en el camino hacia la meta.
• No considera necesario tener en cuenta los intereses de otras personas.
• Crea su propia filosofía de vida ("soberana") que justifica sus acciones.

La terapia en estos casos es extremadamente difícil. Sin embargo, en algunos casos es posible ayudar al paciente a expresar sentimientos de culpa reprimidos y, mediante un arrepentimiento sincero, recuperar el sentido de autoestima.

La culpa imaginaria es casi más común que la culpa real. Además, si la culpa real puede expiarse, entonces sólo será posible deshacerse de la culpa imaginaria durante la psicoterapia.

Ayuda psicológica con la culpa imaginaria

Si no puede deshacerse de la culpa real usted mismo o con ayuda profesional; muy difícil será hacerlo con la culpa imaginaria, ya que, sin conocer las verdaderas causas de la culpa imaginaria, no podrá deshacerse de ella.

Un terapeuta puede ayudarlo a encontrar y comprender las verdaderas causas de la culpa y le mostrará la inutilidad de invertir en este sentimiento y la estrategia del autocastigo. Con una culpa imaginaria de nacimiento, el paciente queda exento de responsabilidad por su propio nacimiento. Al mismo tiempo, se ayuda a la persona a aceptarse a sí misma como nacida digna de vivir sin condiciones, como si tuviera un derecho incondicional a la vida y a ser ella misma.

En caso de culpabilidad causada por instrucciones de los padres, el paciente queda liberado de los conductores y prohibiciones de los padres y se le otorgan contrainstrucciones constructivas. Si es necesario, se trabaja para reparar y crear un padre amoroso dentro de uno mismo para su niño interior.

¿Qué es el perdón?

El perdón es una forma universal de liberarse del resentimiento, la culpa y la ira. Perdonar no significa liberar a otro ni a uno mismo de responsabilidad. La rendición de cuentas y la reparación por daños reales deben separarse del perdón. "Perdonar" significa liberar las exigencias y expectativas que uno impone a los demás o a uno mismo y liberar la ira reprimida o mantenida en resentimiento. Esta fijación de resentimiento e ira consume los recursos de una persona y obstaculiza su crecimiento y desarrollo personal. Además, la ira no expresada y la expectativa de castigo para el infractor conducen a la formación de dependencia psicológica del acusador respecto del acusado.

Perdonar no significa olvidar el pasado y no significa justificar acciones. El perdón surge al encontrar y lidiar con expectativas ocultas en uno mismo o en los demás. Al mismo tiempo, algunas de estas expectativas que tiene una persona pueden ser completamente razonables y normales. Sin embargo, no se hicieron realidad y probablemente nunca se harán realidad. Eliminar las expectativas libera energía mental consumida por la ira reprimida y otras emociones negativas asociadas con la culpa. El perdón da como resultado la voluntad de asumir la responsabilidad de uno mismo y permitir que otros asuman la responsabilidad de sí mismos.

Consecuencias al no perdonar

•	Negarse a perdonar a alguien le permitirá justificar su inacción y rechazar la responsabilidad.
•	La negativa a perdonar excusa la falta de autodesarrollo y de trabajo sobre uno mismo.
•	Negarse a perdonar le permite recibir simpatía como víctima y manipular a los demás.
•	Aferrarse a la ira crea una falsa sensación de poder cuando se necesita más coraje y fuerza para dejarla ir y transformarla en amor.

Escenario de perdón al otro y perdón a uno mismo

Piense en eventos o situaciones dolorosas que lo hagan enojar consigo mismo o con los demás.

Profundice en sus recuerdos y descubra las expectativas ocultas asociadas con estas situaciones. Observe cómo partes de su personalidad (quién está dentro de usted) pueden ser las fuentes o portadoras de estas expectativas.

Imagine el objeto de su resentimiento y enojo frente a usted (usted mismo o alguien más).

Diríjase a él con las siguientes palabras, preferiblemente en voz alta:
• "Elijo no castigarme ni sentirme herido o molesto por lo que hiciste (o no hiciste)".

• Preferiría que dijeras (o no dijeras), hicieras (o no hicieras) lo siguiente ________________________________.

• Pero no lo hiciste (no pudiste hacerlo) y no puedo influir en ello. Por lo tanto, elijo lo siguiente: Cancelo todas las exigencias, expectativas y condiciones que te propuse para ________________________________, entonces y ahora. Elimino el requisito de que te comportes, pienses y sientas de cierta manera. (Usted mismo es totalmente responsable de sus acciones y acciones).

• Te acepto tal como eres. (En el caso de trabajar con nosotros mismos, agregamos - Te amo y te acepto tal como eres sin condiciones).

Luego tome conciencia de su cuerpo, sienta cómo se siente y si se aferra a algunas expectativas o exige que alguien sea diferente. Si el cuerpo no se siente liberado y aparecen síntomas corporales, repetir el proceso nuevamente, avanzando en el proceso para cada sensación detectada en el cuerpo. Es importante que cada expectativa y cada queja se consideren por separado.

A veces hay que trabajar con una subpersonalidad que ha confundido la expectativa de retribución y la ira en su guion de vida. Este escenario se puede identificar preguntando a parte de la personalidad qué pasaría si dejara de lado sus expectativas. La respuesta podría ser: "Me convertiría en nadie", "Me volvería vulnerable", "Sería ridículo".

¿Cómo salir del círculo vicioso y dejar de agradar a la gente?

En primer lugar, debe aprender a aceptarse tal como es, aceptar y apreciar sus propios intereses y necesidades. Y, en segundo lugar, basta con dejar de complacer a los demás, superando sus intereses. A través de una serie de sencillos pasos, la confianza en uno mismo y la autoestima aumentarán progresivamente:

Aunque sienta que siempre debe decir "sí", recuerde que también tiene derecho a decir "no" o no responder nada. Recuerde siempre decir "no" a cualquier cosa indeseable: se trata de establecer límites personales que protejan su autonomía e identidad propia. Al negarse a dedicar su precioso tiempo a cosas indeseables, pronto descubrirá que es mucho más fácil que sufrir por algo que realmente no le gusta. Se sorprenderá, pero con el tiempo, quienes le rodean empezarán a valorarle más: las personas que se valoran a sí mismas y a su tiempo inspiran más respeto que estar siempre de acuerdo con todo.

Decir que no es lo más difícil la primera vez. Justifique su negativa con una buena razón, pero nunca entre en detalles para no poner excusas: ¡Usted no tienes la culpa de nada! Por tanto, se niega de forma rápida e inequívoca, sin verbosidad, sin intentar defender su decisión.

Tenga confianza en lo que dice: tome una decisión y no la cambie. Esto da la impresión de que tiene preferencias, incluso si todavía no las tiene.
La próxima vez que le pidan que ayude con el trabajo o proyecto de otra persona, piense en su propio trabajo y sus preocupaciones. No es necesario que esté de acuerdo sólo para obtener la aprobación. Recuerde lo que es importante para usted.

Al principio, todos estos pasos pueden generar remordimiento y sentimiento de culpa. Puede que se sienta egoísta y que se está concentrando sólo en sí mismo y en sus necesidades. No hay necesidad de romperse. Cálmese y si quiere ayudar a los demás, establezca un plazo estricto para hacerlo. Por ejemplo, digamos que solo tendrá dos horas de 18:00 a 20:00 más o menos. Esto le permitirá administrar su tiempo y no rechazar ayuda si realmente alguien la necesita.

En lugar de hacer lo que los demás quieren, debe concentrarse en quién usted es y qué quiere lograr en su vida. Cuando satisfacer las necesidades de los demás se convierte en su único objetivo en la vida, simplemente se perderá. Entonces, trate de descubrir qué es lo que realmente le gusta hacer.

Siempre que alguien le pida un favor, está bien decir que debe pensar antes de hacer una promesa. Este tiempo extra le dará la oportunidad de pensar para que pueda tomar una decisión sin comprometer sus intereses.

Piense siempre si realmente quiere hacer lo que le piden. Piense en lo difícil que será hacer algo en contra de su propia voluntad y en lo aliviado que se sentirá cuando se niegue a hacer algo en contra de su voluntad. Intente hacer una lista de las acciones que debe realizar, las que normalmente le piden que haga y las que puede rechazar.

No exagere, sea inteligente, porque si rechaza todo tipo de ayuda o de reuniones con los demás debido a su flojera o por el puro placer de estar solo, luego cuando necesite de otros o desee una compañía y los demás le rechacen, ya será tarde. Vive en una sociedad con normas de empatía, cooperación y reciprocidad, no como náufrago en una isla.

Consulte siempre las ofertas que te hacen otras personas. Vea si pueden hacerlo todo por sí solos, pero aun así le piden ayuda. Si está siendo manipulado, tiene todo el derecho a negarse a ayudar.

A veces no es necesario responder nada. El silencio, una sonrisa elocuente o una mirada pueden ser suficientes para negarse. En este caso, el manipulador entenderá perfectamente que ha decidido no ceder ante él.

Recuerde, siempre las personas necesitan sentirse escuchadas y comprendidas. Así que, aunque vaya a decir que no, sea respetuoso y hágalo con educación. Antiguamente en este caso existía una deliciosa formulación para la negativa: "¡Positivamente, no!".

Cuando su jefe le hace una petición, no tiene por qué negarse. Pero si la solicitud proviene de un colega, no retroceda si puede decir que no. De esta forma, le resultará fácil dejar de ser una persona que agrada a las personas.

Si se siente culpable por el rechazo, recuerde que no puede hacerse responsable de todo lo que sucede. Nunca prometió que se encargaría de todo en la vida, de todos los que le rodean en detrimento de uno mismo.
Cuídese, recompénsese y apóyese por cada logro. Conviértase en su mejor amigo que le trata como realmente se merece.

Escuche lo que dice su yo interior y hable siempre consigo mismo sobre sus propias necesidades. Practique pasar un rato consigo mismo, tranquilo durante el día.

Si todavía le cuesta cambiar su actitud ante un problema, si su incertidumbre le impide estar solo y tomar tus propias decisiones, siempre es recomendable buscar ayuda psicológica.

En la terapia emocional-imaginativa, el deseo de agradar se ve como un signo de un trauma psicológico experimentado, pero no vivido, que llevó a la división del Niño Interior traumatizado en estructuras separadas, algunas de las cuales adoptaron una estrategia de supervivencia a través del rescate y el agrado. Para comprender las razones de tal comportamiento, que le quita a una persona sus propios recursos, no le permite vivir su propia vida plenamente, desarrollarse y crecer como individuos, construir relaciones armoniosas con otras personas, es necesario encontrar lesiones primarias y repetidas. Se debe comprender su naturaleza y tratarla. A medida que nos liberamos de los mecanismos de supervivencia en el trauma, que incluyen el comportamiento agradable, a medida que se restablece la integridad de la verdadera naturaleza original de una persona, su autoconciencia y su comportamiento cambiarán, sus propias fortalezas y recursos previamente perdidos volverán, la capacidad sentir regresará y la necesidad de un comportamiento que intente alejar a la persona de volverse hacia sí misma se alejará.

Por qué debería deshacerse de la culpa

El sentimiento de culpa devora los recursos de una persona, porque tiene que dedicar su energía vital a "atender" este problema.

Vivir con un sentimiento de culpa es extremadamente costoso y, en algún momento, puede llevar al colapso, por lo que es muy importante lidiar con los síntomas perturbadores y resolverlos por su cuenta o en psicoterapia. Estos síntomas incluyen: crisis nerviosas, abuso de alcohol y drogas, enfermedades crónicas y muchas otras manifestaciones que hacen la vida difícil, pobre e infeliz.

Dado que estamos hablando de procesos inconscientes, allí deben ocurrir cambios. La forma más efectiva es, por supuesto, la psicoterapia: a corto o largo plazo, individual o en grupo; sus deseos pueden discutirse con un psicólogo o terapeuta quien, después de comprender su solicitud y recopilar una anamnesis (Información aportada por el paciente y por otros testimonios para confeccionar su historial médico), le propondrá un régimen de tratamiento.

Para comprender el problema usted mismo, puede utilizar varios enfoques de la psicología cognitiva.

•	Anote en qué circunstancias y con qué personas se siente culpable con mayor frecuencia.

•	Escriba y analice: ¿hay similitudes en estas situaciones y personas? Y luego recuerde si le pasó una situación similar antes. Quizás en su infancia o adolescencia.

•	Cuando esté atrapado en esta experiencia, intente controlar lo que le sucede física y psicológicamente. Note las reacciones de su cuerpo y mente. Desarrollar esta sensibilidad es útil para aprender a separarse de sus reacciones y, en última instancia, a gestionarlas.

• Realice un autoentrenamiento consigo mismo. Recuerde que la situación ocurrió en el pasado y, aunque se extiende hasta el presente, no es necesario que siga este escenario.

• Dígase más a menudo que no existe un mundo ideal, situaciones ideales y, ciertamente, personas ideales. El deseo de ser perfecto conduce a la neurosis. Lo óptimo es esforzarse por ser lo suficientemente bueno y darse margen de error.

• Recuerde que tiene el control y que puede superar el sufrimiento de muchas maneras.

Es importante realizar estas prácticas de forma cuidadosa y constante para poder notar cambios positivos con el tiempo.

Finalmente, me gustaría hablar de un mecanismo muy común que casi todas las personas utilizan cuando intentan comprender lo que sucede en su interior. Esto es una intelectualización y racionalización de la propia condición, un intento de vivir, no con sentimientos y emociones, sino con la "cabeza".

Por supuesto, la reflexión es buena. La capacidad de ser consciente y reflexionar sobre los procesos internos es una habilidad excelente que ayuda en muchas situaciones de la vida. Pero es importante señalar el momento en que el proceso de pensamiento se ha vuelto rutinario y no brinda un alivio real. Pensar mucho y durante mucho tiempo en un problema no significa resolverlo, y muchas veces significa todo lo contrario ("Prefiero pensar en ello que actuar").

Nuestro aparato de pensamiento no tiene nada que ver con la esfera sensorial, y su "bombeo" es bueno para comprender el problema y desarrollar una estrategia para resolverlo. Pero la decisión en sí siempre recae en el ámbito de los sentimientos y emociones. Esto es en lo que se centra un psicólogo o psicoterapeuta: les invita a explorar juntos otro lado de su personalidad: procesos de sentimientos inconscientes que alguna vez fueron dañados por un trauma y aún no han recibido la atención que merecen.

Procedimiento operativo en Terapia

El objetivo del trabajo psicológico con la experiencia de la culpa es experimentarla emocionalmente lo más plenamente posible, completar la experiencia, determinar qué normas fueron violadas, darse cuenta de la discrepancia entre las propias ideas sobre las normas y las normas reales que operan en la sociedad. Identificar a la víctima real, determinar el grado real de su propia culpa, decidir si es posible expiar o corregir el daño causado, descubrir cómo se puede hacer e implementar el plan. El resultado del trabajo debe ser el arrepentimiento, la disculpa y la expiación como forma de volver a la "gente real". Así, la culpa se convierte en la experiencia de experimentarse a uno mismo como persona, parte de la sociedad, portador de normas y reglas.

Etapas del trabajo con la culpa en el asesoramiento psicológico

1. Definición del estado actual del cliente como experiencia de culpa.
La mayoría de las veces esto es obvio, pero a veces la experiencia de culpa se identifica por los siguientes signos:

- Autoacusación persistente,
- Insultos irrazonables y obsesivos contra uno mismo,
- Una disminución inexplicable de la autoestima y un sentimiento de falta de libertad, privación de la propia voluntad.

Uno de los signos más llamativos de una experiencia patológica y dolorosa de culpa es la incapacidad de disculparse. La persona se siente tan abrumada por la culpa que es incapaz de aceptar conscientemente la culpa y decir "lo siento" o "es mi culpa". Un resentimiento creciente y doloroso también puede ser un signo de culpa crónica, ya que el resentimiento es una parte obligatoria de la culpa.

Otro signo (y fuente) indudable de culpa es el perfeccionismo pronunciado, es decir, el deseo de hacer todo a la perfección. Una persona así no se perdona a sí misma por sus errores, inexactitudes e ignorancia. Por eso siempre tiene motivos para acusarse a sí mismo.

Una imagen simplificada y poco realista del Yo no puede, en general, considerarse un signo de sentimiento de culpa. Pero, sin duda, va acompañado de un sentimiento de culpa. Esta autoimagen es especialmente típica de los adolescentes. Una imagen simplificada del Yo suele ser esquemática, monocromática y tiene una gran elasticidad, es decir, inmutabilidad. Es interesante que un sentimiento constante de culpa acompañe a las autoimágenes tanto esquemáticamente positivas como esquemáticamente negativas.

Una imagen esquemáticamente positiva de "yo" se puede caracterizar a grandes rasgos con las siguientes frases: "Soy una buena persona, soy decente y honesto, inteligente, lo sé todo, no puedo cometer errores, no tengo malos pensamientos". Con esta imagen del Yo, cualquier error o incluso la ira situacional se convierte en la base de una dolorosa experiencia de culpa. Lo más desagradable es que estas experiencias no encuentran salida y se acumulan, porque para arrepentirse y perdonarse es necesario cambiar la imagen del Yo e incluir en ella el concepto de la propia imperfección.

Esquemáticamente, la imagen negativa del "yo" se puede caracterizar por las siguientes frases: "Soy un perdedor, nunca tengo éxito en nada, lo arruinaré todo". Con esta imagen del Yo, una persona se sentirá culpable, incluso si no hizo nada o hizo algo bueno. En el primer caso, por inacción, y en el segundo, por no tener en cuenta algo o por no poder reproducir un resultado positivo en el futuro. Estas personas experimentan sus victorias como una suerte inmerecida o como una victoria arrebatada a otro.

Otra situación en la que es necesario sospechar un sentimiento de culpa profundo y constante es el caso en el que una persona se considera "diferente", "no humana" y tal vez incluso un monstruo. Estas personas suelen sentir una culpa más profunda, mezclada con vergüenza, ante cualquier tipo de franqueza o contacto cercano con los demás. Curiosamente, incluso aquellos que se consideran mejores que los demás pueden sentirse culpables. Aquí tampoco es necesaria la monstruosidad, basta con sentirse el "patito feo" de la familia.

También hay signos externos de que una persona está experimentando culpa: faciales: expresión congelada de dolor, cambios vegetativo-vasculares pronunciados (enrojecimiento y palidez), manos apretadas, postura comprimida, expresiones faciales y pantomima de tensión y miedo. Cabe mencionar que manifestaciones psicosomáticas como migrañas, dolor de espalda, dolor abdominal, problemas gastrointestinales pueden ser manifestaciones de sentimientos de culpa habituales o inexperimentados. Además, los signos externos de sentimiento de culpa pueden ser acciones impulsivas o incluso compulsivas de una persona: disculpas obsesivas, autojustificaciones constantes, disposición a aceptar la culpa sin razonar, inquietud, servilismo.

Por supuesto, cualquier experiencia difícil se enmarca individualmente para cada persona. Algunas lo experimentan vívidamente, otras lo borran; nuestro objetivo en este caso es señalar posibles signos. Las tendencias modernas en el desarrollo de la sociedad sugieren un cambio de actitud hacia la experiencia de los sentimientos de culpa; en términos generales, no está de moda experimentar sentimientos de culpa y no se corresponde con las tendencias de la globalización y la liberalización. Es curioso, pero esto es absolutamente cierto: cuando el contexto social se expande y la categoría "nosotros" queda excluida de él, el sentimiento de culpa es inapropiado y debe ser borrado. Si las tendencias continúan, esto ciertamente conducirá a un cambio en los signos de culpa faciales y pantomímicos, y a la supresión de la expresión, pero no afectará (esperamos) la experiencia en sí.

2. Rehabilitación de la experiencia de culpa.

El paciente (y el psicólogo) necesita cambiar su actitud ante la experiencia de culpa. La forma más sencilla de hacerlo es convencer a la persona de que la experiencia dolorosa de la culpa tiene una función positiva muy específica (conexión con el difunto, mantenimiento de la autoestima, capacidad de experimentar sentimientos negativos legalmente, etc.). La función debe determinarse para una situación determinada y una persona específica.

Por ejemplo, el recuerdo de un acto cruel contra una persona débil hace que la persona sea especialmente sensible a tales situaciones. La pesada experiencia de culpa por su crueldad, por el placer recibido durante el acoso, por su sensación de poder, se convierte en un recordatorio constante de la inadmisibilidad de tal comportamiento, de su propio rechazo y en un medio poderoso para regular el comportamiento posterior. No permite que uno adopte una posición de impecabilidad y santidad. Una persona así puede convertirse en un defensor de los débiles. También sucede que el sentimiento de culpa nos recuerda un acto pasado, que por alguna razón no se puede olvidar por completo. La culpa desempeña el papel de boya sobre un acontecimiento importante que se ha hundido en el abismo del inconsciente. Simplemente descartar este sentimiento sin analizarlo es perder una oportunidad importante.

Es bastante difícil aceptar esto: la culpa se siente demasiado dolorosa. Además, el cliente (y el psicólogo) deben creer que los sentimientos de culpa pueden conducir a la resolución y al alivio.

Casi todas las personas mayores de 10 años tienen la experiencia de una resolución positiva de la culpa, la experiencia del arrepentimiento, la disculpa y el perdón que limpian el alma, pero a veces estas experiencias son difíciles de recordar. Si puede explicarle al cliente la importante función positiva de la culpa y la posibilidad de deshacerse de ella "para siempre", será mucho más fácil convencerlo de que analice la culpa y la afronte. La práctica demuestra que cualquier experiencia que se haya vuelto crónica, cualquier estereotipo mental registrado en experiencias o comportamientos, incluso patológicos, desempeña una función importante.

Intentar deshacernos de algo sin entender por qué lo tenemos puede acarrear consecuencias muy nefastas.

3. Recursos

Si el cliente está dispuesto a explorar su culpa, antes de hacer cualquier otra cosa, debe asegurarse de que sea capaz de hacerlo. Es decir, hay que cuidar los recursos. El análisis de los sentimientos de culpa debe realizarse si se dispone de tiempo, salud y fuerzas. Si no existe ni lo uno ni lo otro, ni lo tercero, y es necesario analizar el sentimiento de culpa, entonces es necesario al menos capacitar al cliente para que recurra a sus recursos. Existen muchas técnicas para ello: técnicas de respiración, visualizaciones, capacidad de pedir ayuda y apoyo, uso de recursos de asistencia psicológica (servicios, literatura, etc.). Al iniciar este proceso, es necesario recordar que la conciencia de la culpa a menudo llega repentinamente, cae sobre una persona, impregna todo su ser, y no siempre en el consultorio del terapeuta, por lo que una persona debe estar lista para ayudarse a sí misma a través de esto. crisis. O al menos conocer su posibilidad.

4. Trabajar realmente con sentimientos de culpa

1) Reconstrucción de una situación en la que una persona hizo mal. A veces hay varios, en cuyo caso hay que pasar de los más recientes o de los más brillantes. Muy a menudo tiene sentido practicar la tecnología de analizar la culpa en una situación que no es la más significativa. Aquí es necesario recordar que se necesita una reconstrucción completa de la situación con todos los motivos y vivencias en el momento de la acción. A menudo, la base para sentir culpa no es el acto en sí, sino un sentimiento que no se corresponde con nuestras ideas sobre nosotros mismos. Por ejemplo, una madre puede sentirse atormentada por la culpa porque no sintió pena por el llanto de su hijo. Y aunque su comportamiento fue absolutamente impecable, se reprocha sentimientos de irritación, hostilidad e indiferencia.

2) Determinación de la verdadera víctima. Sucede que con la culpa crónica o empedernida se "reemplaza" en la conciencia no sólo la norma violada, sino también la persona contra quien se cometió la acción incorrecta. Para el análisis, es necesario reconstruir a la verdadera víctima y las acciones reales para que una disculpa o expiación traiga un verdadero alivio. Una disculpa por una ofensa menor y una compensación dirigida a los ilesos no traen alivio.

3) Es necesario encontrar y formular exactamente qué norma social se violó y determinar en qué se diferencia de las normas internas de la persona. Por ejemplo, una madre que está irritada o incluso muy enojada con su hijo cree que está violando la norma "una buena madre siempre debe amar a su hijo" o "las madres normales siempre deben estar felices sólo con su hijo".

Obviamente, esta norma no es realista y para una persona viva siempre será una base para la autoacusación. Pero en este caso es inútil apelar a normas externas ("todo el mundo lo hace", "es imposible", etc.). Una norma poco realista sigue siendo una norma; no se puede cambiar tan fácilmente y debemos trabajar con ella. Quizás se debilite si una mujer se convence por su propia experiencia de que otros no la siguen. Entonces podrá cambiarlo, por ejemplo, a esto: "El amor permite diferentes sentimientos". O puede suceder que la víctima no sea el verdadero hijo de esta madre, sino su propio niño interior, a quien una vez prometió no gritarles a sus futuros hijos. Desde este punto de vista, la norma es bastante realista (¡y realmente queríamos discutirla y cambiarla de inmediato!). La conciencia de esta norma hace que el sentimiento de culpa sea normal, lógico y que el proceso de formación de normas internas sea comprensible y parcialmente manejable.

4) Es necesario revivir y experimentar todo el complejo de experiencias emocionales que surgieron después de la comisión del acto. Esto significa que debe nombrar todos los sentimientos experimentados en ese momento (ira, vergüenza, enfado, conmoción, miedo, resentimiento, etc.), intentar hablar de cada uno de ellos. Si hablar y nombrar no produce alivio, entonces es necesario encontrar la causa y el momento de aparición de cada uno de estos sentimientos. Esto parece muy difícil, pero en realidad resulta natural con una reconstrucción bastante buena de la situación. Hay que recordar que casi todos estos sentimientos necesitan legalización. Como resultado de este proceso, el paciente puede darse cuenta de que tenía una razón para experimentar estos sentimientos y que eran necesarios para él.

De particular importancia en esta etapa es trabajar con el resentimiento, que es una parte integral de la experiencia de la culpa. Como regla general, surge el resentimiento cuando se siente culpable: contra uno mismo - "por una configuración tan estúpida"; sobre el compañero - por ponerlo en tal situación; sobre el grupo, la sociedad o el destino, por la posibilidad de crear tal situación, experiencias tan difíciles. Si no aborda la ofensa y la supera, no podrá superar completamente la culpa.

Si el proceso avanza con éxito, la mayoría de las experiencias que ya se encuentran en esta etapa se desvanecen y dejan de ser dolorosas. Las culpas menores y las ofensas inofensivas no requieren ninguna acción adicional, porque la persona se arrepiente de ellas de forma automática e inconsciente.

Las etapas posteriores son necesarias para quienes no pueden hacer esto.

5. Arrepentimiento.

Este es un trabajo interno, trabajar con los sentimientos. Las cuestiones de acciones y comportamiento surgen sólo después del arrepentimiento.

La primera etapa es una descripción completa de lo que el cliente le hizo a la otra persona. Por ejemplo: "Cuando los niños mayores acosaron al niño pequeño, yo me paré a su lado y no hice nada para protegerlo". Es muy importante formular esta descripción precisamente en términos de acción. No será posible arrepentirse de una ofensa expresada en un juicio de valor global, como "arruiné tu vida", "traicioné tu confianza".

La segunda etapa es el reconocimiento y descripción de los sentimientos y motivos que provocaron que el paciente actuara de esta manera. Por ejemplo: "Tenía mucho miedo, me alegré de que fuera él, y no yo, quien estuviera en su lugar, sentí pena por el niño, pero tenía miedo de que, si intervenía, me cambiarían". Lo importante a recordar aquí es que todo debe formularse en forma de declaraciones. De lo contrario, todo se convertirá simplemente en un torrente de acusaciones, autojustificaciones o autorrecriminaciones.

La tercera etapa es la norma formulada que fue violada. Por ejemplo: "debemos proteger a los débiles", "debemos superar nuestro miedo", "no puedes alegrarte del dolor de los demás". A veces esta norma puede parecer bastante extraña, por ejemplo: "No se puede responder a los adultos", "No se puede gritar", "No se puede caminar descalzo". Una norma interna puede ser cualquier declaración. No puedes discutir con él.

La cuarta etapa es asumir la responsabilidad de tus acciones. Por ejemplo: "Es mi culpa no haber ayudado a este niño y ceder ante mi miedo". Las frases formuladas en esta etapa también pueden parecer bastante extrañas, por ejemplo: "No pude defenderme de un agresor adulto". Incluso si la afirmación suena descabellada, no debes intentar reformularla por tu cuenta. Siempre hay lógica en el interior, pero muchas veces no es visible desde el exterior. Un indicador de la corrección de la formulación es el alivio inmediatamente después de decirla en voz alta.

La quinta etapa es la búsqueda y aclaración de otras opciones de comportamiento que el cliente consideraría aceptable para sí mismo en ese momento con la reconstrucción de las posibles consecuencias de este tipo de acción, por ejemplo: "Podría arrojarles algo pesado y salir corriendo. Al alejarse, corrían detrás de mí y dejaban al niño solo. Sería lo correcto, pero sería muy peligroso", "Podría correr a buscar a uno de los adultos y traerlo para que lo ayude", "Podría acercarme a este niño más tarde, cuando todo haya terminado". "Ven y trata de consolarlo". Estas acciones pueden parecer extrañas y sin sentido, pero encontrar diferentes formas de resolver una situación sin salida en el pasado da un efecto sorprendentemente positivo (así es como funcionan a menudo en caso de trauma): amplía las capacidades de una persona, alivia los sentimientos de desesperanza e impotencia. y cambia el pensamiento y el comportamiento de una persona en situaciones similares. De hecho, este procedimiento deja a la persona con una experiencia positiva de superación de una situación negativa, que en realidad no tuvo, y la exime de responsabilidad por acciones que en realidad son imposibles.

6. Disculpas o expiación.

Después de que una persona se ha arrepentido, surge la pregunta de qué debe hacer ahora con su arrepentimiento.

1) Si es posible disculparse con la persona de la que el cliente es culpable, entonces es mejor hacerlo. En este caso, se debe ensayar la disculpa. Idealmente, la fórmula de disculpa debería contener de una forma u otra las siguientes fórmulas (simultánea o secuencialmente):

•   "Soy culpable ante ti porque hice..."
•   "Hice esto porque yo... (tenía miedo, no entendía, estaba enojado, etc.)"
•   "Es muy desagradable para mí, lo siento mucho, me arrepiento..."
•   "¿Qué puedo hacer por ti para compensar mi culpa?"

Hay que recordar que una disculpa es siempre el comienzo de un diálogo, no su final. La persona a quien le pedimos disculpas puede aceptar la disculpa, puede no aceptarla inmediatamente o puede no aceptarla en absoluto. Pedir disculpas no garantiza nuestro perdón, pero ciertamente alivia el sentimiento de culpa, transfiriéndolo de una experiencia puramente interna a un proceso de comunicación.

2) Si el cliente no tiene una oportunidad real de disculparse, usted mismo debe encontrar la expiación por su culpa, por ejemplo, ayudar a alguien en una situación similar. Esto no siempre es fácil de hacer, pero si se desea, es muy posible. Estas acciones traen alivio y beneficio incondicionales.

3) El propósito de la expiación es corregir el daño causado o hacer que la situación sea imposible en el futuro. Es fácil expiar la culpa material; normalmente esto significa reemplazar el artículo dañado o compensar el daño con dinero. La expiación del daño psicológico es mucho más difícil y cada vez se trata de dialogar con la víctima. De hecho, la expiación por el daño psicológico es curar el trauma a través de la empatía y la compasión.

4) A veces surge la cuestión del castigo. Si el castigo lo impone la sociedad, entonces la tarea psicológica es correlacionarlo con un sentimiento de culpa y convertirlo internamente en una expiación. Si la sociedad no está directamente involucrada en el proceso y el castigo existe en forma de autocastigo, entonces la tarea psicológica es hacer que el proceso sea lógico, asociado con la culpa y las reglas correspondientes. Si una persona se golpea a sí misma hasta tener moretones después de gritarle a un niño, entonces vale la pena darle al menos formas más seguras (hacer flexiones, por ejemplo), y luego legalizar todos los sentimientos que lo acompañan y buscar expiación por el daño causado. al niño y a él mismo.